BEI GRIN MACHT SICH IHR WISSEN BEZAHLT

Daniel Schmidt

Vermittlung von Dynamik im Musikunterricht

Konzeptionen im Vergleich

GRIN Verlag

Bibliografische Information der Deutschen Nationalbibliothek:

Die Deutsche Bibliothek verzeichnet diese Publikation in der Deutschen National-
bibliografie; detaillierte bibliografische Daten sind im Internet über http://dnb.d-
nb.de/ abrufbar.

Impressum:

Copyright © 2011 GRIN Verlag GmbH
Druck und Bindung: Books on Demand GmbH, Norderstedt Germany
ISBN: 978-3-656-14854-8

Dieses Buch bei GRIN:

http://www.grin.com/de/e-book/190459/vermittlung-von-dynamik-im-musikunter-
richt

Vermittlung von Dynamik im Musikunterricht

Konzeptionen im Vergleich

Daniel Schmidt
BA Musikwissenschaft

Fachdidaktische Konzeptionen: Notation von Musik

Inhalt

1. Einleitung 1

2. Hintergrund der Vermittlung von Dynamik 2

3. Gegenüberstellung der Methoden 3

3.1 Hören und diskutieren 3

3.2 Graphische Notation 5

4. Zusammenfassung 7

5. Literatur 9

1. Einleitung

Die Dynamik spielt in der Musik eine entscheidende Schlüsselrolle. Sie bildet und verstärkt den emotionalen Gehalt eines Stückes. Dieses wird durch die Dynamik vom Hörer anders wahrgenommen als ohne jegliche dynamische Veränderung, doch muss diese auch durch eine Notenschrift vom Komponisten festgehalten und - für den ausführenden Musiker eindeutig - transkribiert werden. Um ein Werk zu interpretieren und korrekt wiederzugeben, muss der Interpret die Dynamik-Zeichen kennen und ahnen können, was der Komponist mit diesen bezwecken wollte. Zeichen wie *crescendo* und *forte* bezeichnen dennoch mit Worten nicht exakt festhaltbare Eigenschaften. Gerade aus diesem Grund ist möglicherweise die graphische Form der Notation von Dynamik für Kinder und Anfänger erfahrungsgemäß leichter zu verstehen.

Allerdings könnte es leicht zu Verständnisfragen kommen, wie: „Warum wird eine laute Note nicht dicker geschrieben, als die leisere?". Wie vermittelt man also gegebene Formen für die Ausdrucksweise von Musik, die von jedem möglicherweise auf eine andere Art und Weise grafisch dargestellt werden würde?

Es gibt verschiedene Ansätze Musiktheorie wie Dynamik zu vermitteln. Ernst Klusen beschreibt, dass Schüler bis zur fünften und sechsten Klasse meist über nicht ausreichende Grundkenntnisse im Fach Musik verfügen. Der Lehrer versuche daher das Verpasste nachzuholen und sei überfordert. Viele Lehrer weichen, laut Klusen an dieser Stelle zum Singen aus, was „allein […] keine Lösung sein [könne]." (Klusen 1975 : 3). Hierbei könne es sich nur um ein Nachsingen handeln, was unaufhaltsam zu Langeweile bei den Schülern führe. Es ist erschreckend, dass viele Menschen genau diese Erfahrung auch heute noch – 36 Jahre nach Klusens Veröffentlichung – schildern. Offensichtlich fehlt oft die Methodik, mit der Situation umzugehen.

Die körperliche und die Sinneserfahrung sind beim Erlernen von Musiktheorie eine Herangehensweise, die die Schüler mit der Musik in Berührung bringt und in ein langfristiges Verständnis der fühlbaren musikalischen Parameter, wie Rhythmus, resultiert. Neben der Erfahrung der Parameter muss allerdings auch das Verständnis der Zeichen gewährleistet werden, was einen Transfer von real gehörtem zum Papier voraussetzt und vom Lehrer angeleitet werden muss.

Zwei verschiedene Methoden der Vermittlung von Dynamik werden im Folgenden erläutert und auf ihre Durchführbar- und Nachhaltigkeit hinterfragt.

2. Hintergrund der Vermittlung von Dynamik

Musiktheorie wird benötigt, um auf Papier festgehaltene Hörerlebnisse praktisch reproduzieren zu können. Um den Ursprung der Wirkung bestimmter Motive oder ganzer Stücke zu verstehen, muss der Hörer/Leser/Interpret die Symbole und Anmerkungen des Komponisten verstehen und interpretieren können. Laut Heinz-Christian Schaper rechnet der Komponist bereits beim Erstellen des Stückes mit „dem Anteil des Interpreten" (Schaper 2006 : 210). Dieser erhalte die Aufgabe, die Vorstellungen des Komponisten, wenn nötig, durch Anpassung an gegebene akustische Verhältnisse zum Leben zu erwecken (vgl. Schaper 2006 : 210). In der Schule sollten die Schüler die Fähigkeit entwickeln, mit Interpretationen, wie szenischen Darstellungen oder Orchesteraufführungen, aber auch mit Interpretationen von Pop-Songs kritisch umzugehen. Dies ist nur möglich, wenn sie den Notentext oder auch handschriftliche Notizen des Komponisten deuten können.

Wilfried Gruhn spricht bei der Vermittlung von Musik in der Schule von einer „Vermittlung und Sicherung des kulturellen Erbes" (Gruhn 2003 : 69). Er behauptet, dass es heute keinen verbindlichen Bildungskanon der Musik gibt, da sehr viele Kulturen ineinander vermischt werden und Werte durch die Medien und Musikindustrie nicht mehr so einfach festzulegen sind. Davon ausgehend beschreibt Gruhn den Konflikt des Lehrers, entscheiden zu müssen, was den musikalischen Bildungsstandard eines Schülers ausmachen soll. Die Frage steht hierbei im Raum, ob der Lehrer an einer deutschen Schule sich auf die deutsche Musik, ihre Geschichte und deren Ausübung und Rezeption im Unterricht beschränken, oder ob er den Lernstoff über modernere Musik vermitteln sollte, die den „kognitiven Strukturen" (Gruhn 2003 : 71) der Hörgewohnheiten der Schüler mehr entgegenkommt.

Die Schüler haben durch viele verschiedene kulturelle Einflüsse ganz andere Hörerfahrungen, als ältere Generationen (zu denen auch der Lehrer meist gehört) und können unter Umständen die Theorie mit der Klassischen Musik nicht verbinden, da ihnen das

Verständnis und die Gewohnheit zur Musik fehlen. So könnte zum Beispiel die Dynamik anhand eines indischen Gesangs oder eines Gamelan erschlossen werden. Viele Möglichkeiten sind gegeben, das allgemeine Verständnis von Dynamik zu vermitteln und gleichzeitig alle Schüler zu integrieren. Möglicherweise eignet sich für die Vermittlung von Strukturen und musikalischen Parametern eine Musikform, die den Schülern gänzlich unbekannt ist, besonders gut, da sie keine Vorurteile oder Hörgewohnheiten gegenüber der Musikrichtung gebildet haben können.

Almut Ullrich spricht hierbei von „interkultureller Erziehung" (Ullrich 2006 : 86). Sie bezeichnet das interkulturelle Lernen als „oberstes Ziel" (Ullrich 2006 : 86), welches angestrebt werden solle, um andere Kulturen verstehen zu können und sich in die Lage anderer kultureller Gruppen hineinversetzen zu können. Dabei soll das Ziel Solidarität und „kultureller Respekt" (Ullrich 2006 : 86) sein. Allerdings verlangt diese Herangehensweise vom Lehrer absolute Wertfreiheit.

3. Gegenüberstellung der Methoden

3.1 Hören und diskutieren

Heinz-Christian Schaper verfolgt einen praktischen Ansatz, die musikalische Dynamik an Schüler der Sekundarstufe I zu vermitteln. Diese Methode bildet die erste der zu Vergleichenden Herangehensweisen. Er setzt bei seiner Methode lediglich ein „Grundwissen im Bereich der Notation" (Schaper 2006 : 180) voraus und betrachtet erfahrbare, fühlbare Ereignisse in der Musik als Energien, die von jedem Subjektiv anders wahrgenommen werden. Der Zusammenhang von Programm und Stück würden verdeutlicht sowie „Spannung schaffende Gegensätze" (Schaper 2006 : 211) durch die Dynamik verstärkt.

Die Schüler sollen sich zu der gehörten Musik verbal äußern und dabei bewusst Bewertungen anstellen, sowie Abstufungen der Dynamik vergleichen und umschreiben. Schaper schlägt vor, kleine Kompositionen anfertigen zu lassen (mit Fokus auf die Dynamik) und diese anschließend auf ihre Aufführbarkeit und mögliche Interpretation in der Gruppe zu diskutieren. Das Ziel der Methode ist, „sich das Kraftfeld bewu[ss]t zu machen" (Schaper 2006 : 211), wie Schaper sagt, und kritisch mit den Erfahrungen des Einzelnen umzugehen. Ein Fragenkatalog enthält hierzu Fragestellungen, die zum Nachdenken über das Erfahrene und zur kritischen Betrachtung führen. Dieser soll von den Schülern erarbeitet werden und steht ebenfalls zur Diskussion.

Der Umgang mit subjektiven Erfahrungen hat bereits wissenschaftliche Ansätze. Zum Beispiel sollen die Schüler überprüfen, ob „akustische Verhältnisse" (Schaper 2006 : 267), wie Raumklang und die Art der elektrischen Klangerzeugung, bei der Umsetzung beachtet wurden. Dennoch überwiegt die praktische Vermittlung durch hören, erfahren und umsetzen der erlernten Parameter. Bei der Notation im Unterricht „rückt der Unterrichtsprozess in den Vordergrund" (Kraemer 1977 : 55), in welchem der Lehrer die Aufgabe hat, die Schüler in ihrer Experimentierfreudigkeit in verschiedenen Arbeitsformen anzustoßen.

Problematisch könnte bei der Anwendung der Methode sein, dass die Schüler nicht über genügend musikalische Vorkenntnisse verfügen und mit dem Komponieren überfordert sind. Hierbei könnte die Angst vor Versagen durch das Komponieren unschöner Klänge zu Blockaden und Distanz zum Thema führen.

Rudolf Weber ist der Auffassung, dass das Erlernen musikalischer „Sachverhalte" (Weber 2006 : 266) in der Primarstufe mit dem praktischen Erfahren und nicht dem Lernen von Regeln und dem Sammeln von Wissen vermittelt werden sollte. Die Versuche, Musiktheorie theoretisch zu vermitteln, so sagt Weber, „bleiben [...] im Musikunterricht fast immer in den Anfängen stecken, weil die desolate personelle Unterrichtsversorgung langfristiges Planen selten erlaubt und auch Stundentafeln Unterbrechungen [...] nahelegen" (Weber 2006 : 267). Es gibt demnach, glaubt man Weber, keine Garantie dafür, dass sich alle Schüler einer Klasse die gleichen Grundkenntnisse angeeignet haben und somit könnte es zu massiven Verständnisproblemen führen.

Der Aufgabe sollte ein theoretischer Exkurs oder ein Spiel zur Wiederholung der Symbole und Deutungsansätze von Dynamik vorangestellt sein, um sicherzustellen, dass sich alle Schüler auf dem gleichen Wissensstand befinden. Die Methode Schapers ist ein guter Anstoß zum selbstständigen Lernen und kreativen, kritischen Arbeiten mit Musiktheorie, da der Schüler sich aktiv mit seiner Komposition oder dem gehörten Stück auseinandersetzt und eigene Wertungen durch Abschätzung und kreatives Ausprobieren entwickelt. Ist die Wissensgrundlage gegeben, so ermöglicht das Konzept eine tiefere

Einsicht in das Werk und die Interpretation, sowie die Aufführungspraxis eines Werkes. Es sensibilisiert die Schüler für den kritischen Umgang mit Werkinterpretationen aber auch mit ihren eigenen Hörgewohnheiten.

3.2 Graphische Notation

Einen vollkommen anderen methodischen Ansatz verfolgt Rudolf-Dieter Kraemer, der unter anderen musikalischen Parametern die Dynamik zwar auch durch praktische, kreative Arbeit vermitteln will, aber dabei auf graphische Notation zurückgreift. Er vermeidet dabei den Umgang mit der möglicherweise zu komplizierten Musiktheorie und konzentriert sich allein auf die Deutung der Wahrnehmung seiner Schüler und deren Fähigkeit, das Gehörte sinnvoll zu reproduzieren. Eine Basis von Theoriewissen wäre dabei nicht notwendig, was das Problem der unterschiedlichen Wissensstände umgeht.

Kraemer verfolgt das Ziel, den Schülern „musikalische Grunderfahrungen, [...] Fertigkeiten (Sachkompetenz) aber auch Erfahrungen von Individuen in einer Gemeinschaft [zu] ermöglichen [...]" (Kraemer 1977 : 54). Anhand der gemeinsamen Diskussion über die wahrscheinlich hohe Abweichung der Zeichnungen der Schüler - nach der Notation eines gehörten Stückes - innerhalb der Klasse, soll die Schwierigkeit aufgezeigt und das Verständnis geschaffen werden, für die Schwierigkeit, eine einheitlich verständliche Notation zu erfinden und zu erkennen, warum es eine feste Notationsform in der Musiktheorie geben muss. Mit seiner Methode will Kraemer kein musiktheoretisches Wissen vermitteln, sondern das Verständnis für musikalische Vorgänge festigen. Für das Gehörte sensibilisiert werden die Schüler durch Diskussion und Bewertung ihrer Zeichnungen.

Deutlich wird die Methode anhand eines Tests, den Kraemer mit einer Gruppe von Studenten durchführte. Diese bekamen für ein gehörtes Metallophon-Glissando verschiedene graphisch notierte Antwortmöglichkeiten, die das Gehörte möglichst genau beschreiben sollten:

Aufzeichnung	Interpretation	Anmerkungen
1.	Tonhöhenbewegung aufwärts, abwärts, Pause dazwischen	Beschreibung eines Merkmals, wahrscheinlich stilisierte bildliche Übertragung des Schallerzeugungsvorgangs
2.	Bewegungsrichtung angezeigt, Einzeltöne wahrgenommen	Zeitlich unterbrochener Verlauf neben Tonhöhenrichtungsangabe
3.	Einzeltöne werden durch gezackte Linie angedeutet	Entspricht vorhergehender Lösung, doch andere graphische Darstellung
4.	Tonhöhenbewegung langsam beginnend, schneller, am Ende langsamer, ebenso abwärts	Kombination zweier Merkmale
5.	Spannungsverlauf, Steigerung, abfallend	"Psychologische" Deutung
6.	Tonhöhenbewegung, abrupter Schluß	Augenmerk insbesondere auf den Schluß gerichtet

Lösung Nummer eins wurde am meisten gewählt. Erst nach Erklärung der Zeichen und deren Hintergrundgedanke stimmten die Studenten auch den Lösungsvorschlägen vier und fünf als mögliche Lösung zu. Die Aufgabe führt also zur Erweiterung des Verständnishorizontes für graphische Notation und deren Deutungsmöglichkeiten.

Laut Kraemer kann diese Art Umgang mit Notation von Musik „auf die Notenschrift im herkömmlichen Sinn vorbereiten [...]" (Kraemer 1977 : 54). Ullrich beschreibt eine ähnliche Herangehensweise. Sie setzt bei dem grundsätzlichen Problem des multikulturellen Musikunterrichts an und will die Schüler durch gemeinsame Reflexion des Unterrichts und über „Ausprobieren und Nachmachen" (Ullrich 2006 : 87) zu einem besseren Verständnis und Offenheit führen. Dabei strebt sie eine qualifizierte Auseinandersetzung mit dem musikalischen Material anderer Kulturen, wie zum Beispiel den musikalischen Parametern, an. Leider gerät hierbei die Musiktheorie und deren Anwendung in den Hintergrund.

Die Schüler lernen musikalische Ereignisse, wie Dynamik, herauszuhören und zu notieren. Weiterhin lernen sie das Gehörte zu reflektieren und sich kritisch mit der Notation auseinanderzusetzen, was zu einem leichteren Verständnis von „herkömmlicher" (Kraemer 1977 : 54) Notation, wie Kraemer sagt, und Anmerkungen des Komponisten führen kann. Allerdings wird möglicherweise bereits gelernte, herkömmliche Notation nicht direkt mit in den Unterricht eingezogen und nicht gefestigt.

Um den Transfer zur herkömmlichen Notation zu erreichen ist meiner Meinung nach ein Vermittler – also der Lehrer – unbedingt nötig. Durch eine Diskussion und subjektive Notation des Gehörten können die Schüler eine wertfreie Sicht auf die Musik erlangen und werden somit offener für Interpretationen. Sie lernen ebenfalls, wie bei Schapers Methode, zu verstehen, welche Probleme bei der Aufführungspraxis auftreten können, die von subjektiver Interpretation ausgelöst werden. Des Weiteren eröffnet die grafische Notation einen erweiterten Verständnishorizont, wenn es um neue Methoden der Notation geht, wie zum Beispiel in der Neuen Musik oft praktiziert. Die Musik anderer Kulturen könnte in den Unterricht mit eingeflochten und die Methoden der Notation erarbeitet werden. Allerdings wäre dies sicher nicht direkt im Sinne Kraemers. Musikalische Strukturen werden möglicherweise leichter erkannt und verstanden, wenn der Schüler grafische Muster wiedererkennt und ebenso reproduzieren kann. Der Transfer zur herkömmlichen Notation wäre somit vielleicht nicht mehr erschwert.

4. Zusammenfassung

Beide Methoden der Vermittlung von Dynamik sind gute Ansätze und einfach mit einer Klasse durchzuführen (sofern die Akzeptanz geboten ist, sich mit den eigenen Empfindungen auseinanderzusetzen). Eine Kombination der Methoden wäre möglich; oder zumindest ein aufeinander aufbauendes Vorgehen, indem die Schüler ihre Empfindungen während des Hörens grafisch notieren. Eine ganz subjektive Herangehensweise also. Anschließend könnte die Diskussion über das Gezeichnete zu einem Vergleich mit der herkömmlichen, auf das Werk angewendeten Notation führen. Ein Abwägen von Durchführbarkeit und Reproduktionsmöglichkeit der eigenen benutzten Notenschrift. In diesem Schritt könnte die Grundlage der Musiktheorie geschaffen werden, die benötigt wird, um eigene Kompositionen anzufertigen. Diese Kompositionen wären durch herkömmliche, wie aber auch grafische Notation durchführbar. Zum Beispiel wäre die Auseinandersetzung mit Neuer Musik möglich, indem ein grafisch notiertes Stück von

Györgi Ligeti betrachtet wird und anschließend die Durchführbarkeit der Zeichnungen zur Diskussion und zur praktischen Anwendung steht.

Zur Vermittlung der musikalischen Dynamik als akustisches Ereignis eignen sich beide Methoden, da sie sich mit der subjektiven Wahrnehmung des Individuums auseinandersetzen und durch Diskussion im Rahmen der Klasse das Empfundene reflektieren. Allerdings ist zur Vermittlung der Dynamik als Notierter musikalischer Parameter lediglich die Methode Schapers zu verwenden, auch wenn die Schüler auf einen gemeinsamen Wissensstand gebracht werden müssten. Schaper erwartet eine konkrete Auseinandersetzung mit Dynamik-Zeichen anhand von praktischer Anwendung und anschließender Erfahrung.

Meiner Meinung nach verfolgen beide Methoden einen wichtigen Ansatz und fördern das musikalische Verständnis der Schüler, jedoch sollten beide weiterentwickelt werden, um eine Klasse angemessen mit der Dynamik vertraut zu machen.

Es ist sehr problematisch, eine Klasse erfolgreich hin zu einem gleichen Wissensstand zu führen, wenn Schüler bereits in früheren Klassen nicht gleichermaßen unterrichtet wurden. Dies rührt von einer multikulturellen Gesellschaft, unterschiedlichen Hörgewohnheiten der Schüler, sowie der Überforderung vieler Musiklehrer, allen Schülern die Kunst entsprechend ihrem Wissensstand verständlich zu vermitteln. Gruhn schreibt hierzu sehr passend: „Ganz offensichtlich besteht eine tiefe Kluft zwischen den überwiegend künstlerischen Inhalten der gymnasialen Musiklehrerausbildung und den pädagogischen Anforderungen im Unterrichtsalltag" (Gruhn 2003 : 8).

Vor dieser Überlegung erscheint eine Herangehensweise mit praktischer Notation und herkömmlichen Zeichen ebenso angemessen wie praktische Notation mit individuellen grafischen Zeichen. Beide Methoden erfüllen das Ideal der aktiven Auseinandersetzung mit musikalischen Erfahrungen im Unterricht und vermitteln das Verständnis musikalischer Ereignisse.

5. Literatur

Gruhn, Wilfried (2003). *Lernziel Musik. Perspektiven einer neuen theoretischen Grundlegung des Musikunterrichts.* Hildesheim: Georg Olms Verlag AG

Kraemer, Rudolf-Dieter (1977). „Graphische Notation als Anregung für Klangspiele mit Instrumenten." In: Hrsg. v. Gundlach, Willi / Schmidt-Brunner, Wolfgang. *Praxis des Musikunterrichts. 12 Unterrichtseinheiten für die Primar- und Sekundarstufe 1.* Mainz: B. Schott's Söhne

Klusen, Ernst (1975). *Musikverständnis ohne Notenkenntnis.* Berlin Lichtenfelde: Robert Lienau Verlag

Schaper, Heinz-Christian (2006). „Musik begreifen 2 – ein musiktheoretischer Ansatz". In: Hrsg. v. Helms, Schneider, Weber. *Handbuch des Musikunterrichts. Sekundarstufe I.* Kassel: Gustav Bosse Verlag

Ullrich, Almut (2006). „Musikunterricht in einer multikulturellen Gesellschaft". In: Hrsg. v. Helms, Schneider, Weber. *Handbuch des Musikunterrichts. Sekundarstufe I.* Kassel: Gustav Bosse Verlag

Weber, Rudolf (2006). „Musik begreifen – Musiklehre – Musiktheorie". In: Hrsg. v. Helms, Schneider, Weber. *Handbuch des Musikunterrichts. Primarstufe I.* Kassel: Gustav Bosse Verlag